어린이 삼국사기 편찬위원회 글 | 최수웅 그림
한국역사연구회 추천 및 감수

주니어김영사

머리말

《어린이 삼국사기》를 읽는 어린이들에게

자랑스러운 민족 문화를 깨닫는 첫걸음

 우리가 조상들의 삶을 알 수 있는 것은 우리에게 남아 있는 유물과 유적을 보고서 가능하지요. 그 중에서도 글로 남아 있는 책은 정말 소중한 역사 유물입니다.

우리나라 역사에 관심을 갖게 되면, 조상들이 훌륭한 민족 문화를 지켜 온 것에 대해 저절로 자랑스러운 마음이 생기고 뿌듯해진답니다. 만일 조상이 잘못한 점을 발견하게 되더라도, 우리는 다시 그런 잘못을 되풀이하지 않도록 조심하면 됩니다.

이러한 점에서 이번에 새롭게 엮은 《어린이 삼국사기》는 어린이들이 우리 역사에 관심을 가질 수 있도록 알기 쉽게 꾸몄어요. 《어린이 삼국사기》는 고구려, 백제, 신라 때의 왕들과 충신들 등이 나라를 다스릴 때에 일어났던 일을 중심으로 엮은 거예요.

《어린이 삼국사기》를 통해서 우리 조상들이 어떻게 살았고, 무슨 생각을 했는가를 알게 될 거예요. 그것이 바로 우리의 자랑스러운 민족 문화를 깨닫는 첫걸음입니다. 아울러 우리의 역사를 이해하면서 우리의 마음과 눈은 좀 더 넓어지고 깊어질 겁니다.

어린이 삼국사기 편찬위원회

인물의 삶으로 읽는 역사의 큰 흐름

우리는 현재를 살고 있으며, 마땅히 현재에 충실한 삶을 가꿔야 합니다. 그런데 현재는 홀로 존재하는 것이 아니라, 과거와 떼려야 뗄 수 없는 밀접한 관계입니다. 따라서 과거, 즉 역사를 알아야 비로소 현재를 온전하게 살아갈 수 있어요. 그런데 역사를 따분하고 어렵게 생각하는 어린이들이 많아서 우리나라 역사에 대해 제대로 알지 못하는 어린이들이 많아요.

이번에 주니어김영사에서 출간한 '처음 읽는 우리 역사' 시리즈는 주요 역사서를 기본 토대로 인물 중심으로 역사를 구성했어요. 인물을 중심으로 한 구성은 인물의 삶에 동화되어 역사의 흐름을 실감나게 느끼도록 해 주지요. 게다가 인물의 삶에 드러난 역사의 흐름을 조목조목 짚어 주어, 어린이들도 쉽게 역사적인 사실을 알 수 있습니다.

어린이들이 이 시리즈를 통해 역사에 더욱 가까이 다가가고, 그로 인해 모든 사람들의 노력이 결실을 맺으리라 믿습니다.

한국역사연구회

차례

어린이 삼국사기 2

용감하고 슬기로운 장군들

- 삼국사기에 대하여 _8

신분을 뛰어넘은 사랑 바보 온달과 평강 공주
- 울면 바보 온달에게 시집 보낸다 _10
- 전쟁터에서 용감하게 싸운 온달 _17

살수 대첩의 영웅 을지문덕
- 대장군에 임명되다 _22
- 범 무서운 줄 모르는 하룻강아지 _28
- 살수 대첩의 승전보가 울리다 _33

당나라를 물리친 연개소문
- 소년 대대로의 불타는 야망 _40
- 안시성 싸움 _47

황산벌에서 장렬하게 쓰러진 계백

계백에게 달린 백제의 운명 _54
죽음을 각오한 백제 결사대 _60

삼국 통일의 주역 김유신

소년 화랑 김유신의 결심 _66
도인으로부터 비법을 배우다 _72
첫 싸움터에서 용맹을 떨치다 _77
거듭되는 승전보 _81
당나라도 두려워하다 _89
태대각간 김유신이 죽다 _94

나라 잃은 장수 흑치상지

빼앗긴 나라를 되찾기 위해 싸우다 _98
억울하게 누명을 쓰다 _103

바다를 주름잡은 장보고

바닷가 마을의 두 소년 _104
무령군 소장의 벼슬을 버리다 _107
청해진 대사로 임명되다 _110
비극적인 최후 _115

하나, 《삼국사기》는 어떻게 만들어졌나요?
둘, 《삼국사기》는 어떻게 이루어져 있나요?
셋, 《삼국사기》의 내용은 무엇일까요?
넷, 《삼국사기》를 지은 김부식은 누구일까요?
다섯, 《삼국사기》의 특징은 무엇일까요?

둘, 《삼국사기》는 어떻게 이루어져 있나요?

《삼국사기》는 본기 28권, 지 9권, 연표 3권, 열전 10권으로 구성되어 있습니다.

'본기'는 신라 본기, 고구려 본기, 백제 본기의 순으로 나뉘어 있으며 각 나라 역대 왕의 재위 기간에 일어난 일을 날짜별로 그날 그날 기록해 놓았어요. 그래서 본기는 《삼국사기》 중에서 가장 큰 비중을 차지하고 있어요. 본기는 신라 12권(통일신라 7권 포함), 고구려 10권, 그리고 백제 6권으로 구성되어 있어요.

'지'는 여러 제도를 분야별로 써 놓았어요. 제1권은 제사와 음악, 제2권은 옷, 그릇, 수레나 말 등의 탈것, 집에 대해 써 있어요. 제3~6권은 지리지예요. 그리고 제7~9권은 조직과 벼슬에 관한 것으로 중앙관부(7권), 궁정관부(8권), 무관과 외직(9권)으로 되어 있어요.

'연표'는 왕의 즉위 연대를 정리해 놓은 거예요.

'열전'은 삼국에서 특별히 중요한 인물의 삶을 기록해 놓았어요. 특히 10권의 열전 중에서 김유신 개인 열전이 3권이나 되며, 나머지 7권에 68명을 기록해 놓았어요. 열전에는 7세기에 활약한 인물이 34명이고, 나라를 위하여 죽은 사람이 21명이나 돼요. 7세기의 인물도 삼국 통일 시기에 전쟁에서 활약한 인물이 많아서 나라를 위하여 목숨을 바친 사람들의 이야기가 대부분이었어요.

《삼국사기》는 삼국 중 신라를 정통으로 삼아 썼기 때문에 신라에 대한 기록이 가장 많고 평가를 좋게 했어요. 고구려나 백제는 신라에 비해 내용이 많이 적어요. 이것을 두고 김부식이 공정하지 않았다고 하는 사람도 있지만 실제로는 신라에 비해 고구려와 백제의 사료가 많이 부족했기 때문이에요.

또 마한, 진한, 변한의 삼한과 가야, 발해에 대한 기록도 남기지 않았다는 점은 매우 아쉬운 일이에요.

하지만 오늘날 발굴되는 유물이나 유적을 통해 《삼국사기》의 기록이 얼마나 정확한지 밝혀지고 있어요. 그래서 《삼국사기》는 우리나라 고대사 연구의 소중한 자료로 인정받고 있어요.

신분을 뛰어넘은 사랑
바보 온달과 평강 공주

이 때 온달은 맨 앞에 나가 싸워 수십 명의 적군을 베었습니다. 그러자 고구려군의 사기는 점점 올라갔습니다. 군사들은 온달의 뒤를 따라 싸워 적군을 크게 이겼습니다. 전쟁이 끝나고 전쟁에 큰 공을 세운 사람에게 보상을 하기로 했습니다. 많은 사람들이 온달에게 제일 큰 상을 주어야 한다고 했습니다.

울면 바보 온달에게 시집 보낸다

"앙, 앙."

고구려 제25대 평원왕(평강왕이라고도 함)의 딸 평강 공주는 오늘도 또 울었습니다. 너무 자주 울어서 평원왕은 평강 공주를 달래다 이렇게 말하곤 했습니다.

"네가 하도 울어서 시끄럽구나. 또 울면 바보 온달에게 시집 보낸다!"

평강 공주는 성품도 아름답고 생각도 지혜로워서 평원왕을 기쁘게 했지만, 잘 우는 게 흠이었습니다. 어느덧 평강 공주가 자라서 16세가 되자 평원왕이 말했습니다.

"이제 너도 시집 갈 때가 되었구나. 상부 고씨를 네 배필로 정하였느니라."

"아버님, 그게 무슨 말씀이세요. 언제나 저에게 온달의 아내가 되어야 한다고 하셨잖아요."

"허허, 그거야 네가 하도 우니까 한 말이란다."

"임금은 모든 백성의 모범이 되어야 한다고 했습니다. 그러니 헛된 말을 하시면 아니 되옵니다."

평강 공주는 아주 단호하게 말했습니다. 평원왕이 아무리 달래도 마음을 바꾸지 않았습니다.

"아버님 말씀을 따를 수가 없습니다."

평원왕은 화가 나서 말했습니다.

"네가 나의 명을 따르지 않는다면 내 딸이 아닌 게다. 그래, 궁궐을 나가서 네 마음대로 하여라."

평강 공주는 그만 내쫓기고 말았습니다. 공주의 어머니가

보물이 든 주머니를 주고 평강 공주가 안 보일 때까지 배웅했습니다.

평강 공주는 사람들에게 물어물어 온달의 집을 찾아갔습니다.

온달의 집을 찾기는 어렵지 않았습니다. 온달은 항상 밥을 빌어다 어머니를 봉양하는데 집이 어찌나 가난한지 너덜너덜한 옷에 해어진 신을 신고 마을을 왔다 갔다 했습니다. 마을 사람들은 그를 바보 온달이라고 불렀습니다.

평강 공주가 온달네 집에 이르렀습니다. 집에는 눈이 멀고 허리가 꼬부라진 할머니가 있었습니다.

평강 공주는 할머니에게 절을 했습니다.

"아니, 뉘신데 이 늙은 것한테 절을 하는 게요?"

"저는 온달님을 만나러 왔습니다. 온달님의 배필이 되려 합니다."

"우리 아들은 가난하고 못생겼소. 그대 같은 지체 높은 분이 가까이할 인물이 아니오."

할머니는 평강 공주의 손을 잡았습니다.

"그대에게서는 좋은 향기가 나오. 손도 일해 본 적이 없는 듯, 부드럽기가 솜과 같소. 누구의 꼬임에 빠진 게 틀림없소. 돌아가도록 하시오."

"아니 되옵니다. 저는 온달님을 만날 때까지 여기 있을 것이옵니다."

"그런 소리 마오. 내 아들은 너무 배가 고파서 산으로 느릅나무 껍질을 벗기러 갔소. 언제 돌아올지도 모르니 돌아가도록 하오."

평강 공주는 할머니의 말을 듣지 않았습니다.

"제가 직접 가서 만나겠어요."

평강 공주는 집 밖으로 나와 산 밑에 이르렀습니다. 멀리에서 누군가가 다가왔습니다. 등에는 느릅나무 껍질을 짊어지고 있었습니다.

평강 공주는 그에게 다가가 말을 했습니다.

"온달님, 저는 당신과 결혼하려고 왔습니다."

그러자 온달은 화를 내며 말했습니다.

"너는 분명 사람이 아니다. 여우냐? 아니면 귀신이냐?"

평강 공주는 온달에게 다가가면서 말했습니다.

"저는 사람입니다. 저를 피하지 마십시오."

그러자 온달은 뒤도 안 돌아보고 냅다 집으로 뛰었습니다.

그러더니 사립문을 닫아걸고 열어 주지 않았습니다.

평강 공주는 추운 데서 밤을 지새워야 했습니다. 이튿날 아

침 평강 공주는 다시 온달을 찾아갔습니다.

"제가 모두 말씀드릴 테니 들어 주세요."

평강 공주는 그 동안 있었던 일을 모두 말했습니다. 온달은 눈이 휘둥그레졌습니다. 그래도 온달과 그의 어머니는 완강하게 반대했습니다. 온달의 어머니가 말했습니다.

"보셔서 알겠지만 내 자식은 귀하신 분의 배필이 될 수 없습니다. 또 집을 보십시오. 그대 같은 귀한 분이 어떻게 여기 묵으실 수가 있겠어요."

평강 공주가 대답했습니다.

"그렇지 않습니다. 옛말에 한 말인 곡식도 방아에 찧을 수 있고, 한 자인 베도 꿰맬 수 있다고 했습니다. 마음만 맞는다면 어떤 어려움도 이겨 낼 수 있습니다."

평강 공주는 여러 번 온달과 어머니를 설득하여 드디어 승낙을 얻을 수 있었습니다. 평강 공주는 보석을 팔아서 농사지을 땅도 사고, 농기구와 살림살이를 장만했습니다.

평강 공주는 온달에게 여러 가지를 가르쳤습니다.

처음 말을 살 때에 평강 공주는 온달에게 말했습니다.

"시장 사람들이 파는 말은 사지 마세요. 꼭 나라에서 파는 말을 사셔야 해요. 병들고 홀쭉하게 마른 것을 사 오세요."

온달은 평강 공주의 말대로 했습니다. 평강 공주는 부지런히 말에게 먹이를 먹였습니다. 그러자 말은 서서히 살찌고 튼튼해졌습니다.

전쟁터에서 용감하게 싸운 온달

고구려에서는 언제나 3월 3일이면 낙랑의 언덕에서 사냥을 하고 잡은 동물로 산천의 신에게 제사를 지냈습니다.

그 날에는 왕도 같이 참가하여 사냥을 했습니다. 여러 신하들과 군사들이 왕의 뒤를 따랐습니다.

온달도 자신이 기른 말을 타고 열심히 달렸습니다. 그 날 온달은 눈에 띌 정도로 사냥을 잘 했습니다.

왕이 불러 그의 이름을 물었습니다.

"온달이옵니다."

"온달이라……. 허, 이상하구먼."

온달이 돌아간 뒤 평원왕은 혼자 중얼거렸습니다.

그 후 얼마 지나지 않아 후주의 무제가 쳐들어왔습니다. 평원왕은 직접 군사를 이끌고 나가 적군과 맞서 싸웠습니다.

이 때 온달은 맨 앞에 나가 싸워 수십 명의 적군을 쓰러뜨렸습니다. 그러자 고구려군의 사기는 점점 올라갔습니다. 군사들은 온달의 뒤를 따라 싸워 적군을 크게 이겼습니다.

전쟁이 끝나고 전쟁에 큰 공을 세운 사람에게 상을 주기로 했습니다. 많은 사람들이 온달에게 제일 큰 상을 주어야 한다고 했습니다. 평원왕은 온달을 가까이 불러 말했습니다.

"이름이 온달이라고 했소? 참으로 이상한 일이오. 평강 공주가 온달에게 시집 가겠다고 궁궐을 떠났는데……. 실지로 온달이란 사람을 만났으니……. 평강 공주는 죽었는지 살았는지도 모르고 있는데 말이오."

"전하, 소신이 바로 평강 공주와 결혼한 온달이옵니다."

평원왕은 깜짝 놀랐습니다.

"아니, 그렇다면 자네는 나의 사위가 아니던가!"

"그러하옵니다, 전하."

평원왕은 기뻐하며 온달에게 큰 벼슬을 내렸습니다.

평원왕이 죽은 뒤, 영양왕이 왕위에 올랐습니다.

온달이 영양왕을 찾아가 말했습니다.

"신라가 우리 한강 이북의 땅을 빼앗아 백성들이 힘들어하고 있습니다. 제가 나가서 우리 땅을 찾아오도록 하겠습니다."

영양왕이 허락하고 군사를 내주었습니다.

전쟁터로 떠나던 날, 온달은 군사들에게 소리쳤습니다.

"계립현과 죽령 서쪽의 땅을 빼앗기 전에는 돌아오지 않을 것이다. 그러니 모두 힘을 다하여 싸우도록 하라!"

온달은 앞으로 달려나갔습니다. 아단성 아래에서 전투가 격렬하게 벌어졌습니다. 전투를 치르던 중, 온달은 신라군이 쏜 화살에 맞아 죽고 말았습니다.

온달의 장사를 지내게 되었습니다. 그런데 온달의 상여가 국경에 이르자 꼼짝도 하지 않는 것이었습니다. 군사들 몇 명이 달라붙어서 들어올리려고 해도 움직이지 않았습니다.

그 때 평강 공주가 달려왔습니다.

"죽고 사는 것은 이미 결정되었어요. 이제 그만 돌아가도록 해요."

평강 공주는 울면서 관을 어루만졌습니다. 그제야 상여가 움직이기 시작했습니다.

영양왕도 이 이야기를 듣고 몹시 슬퍼했습니다.

살수 대첩의 영웅
을지문덕

수나라 군사들은 마치 개미 떼처럼 강물에 휩쓸려 아우성을 치며 떠내려갔습니다. 앞서 을지문덕의 비밀 명령을 받은 고구려 군사들이 미리 강물을 막고 기다리고 있다가 북 소리를 신호로 일제히 막았던 강물의 둑을 터 놓았던 것입니다.

🌸 대장군에 임명되다

고구려 제26대 영양왕 때였습니다.

수나라의 양제가 고구려를 치려고 군사를 일으켰다는 급한 소식이 요동성 태수로부터 날아들었습니다.

영양왕은 급히 신하와 장수들을 궁궐로 불러들였습니다.

영양왕은 갑옷으로 갈아입고서 여러 신하들이 모여 있는 곳으로 나갔습니다.

신하들은 영양왕의 갑옷 차림을 보자, 나라에 다급한 일이 일어났다는 것을 알아차릴 수 있었습니다. 그래서 모두 표정이 딱딱하게 굳어졌습니다.

"요동 태수가 올린 글을 읽도록 하라!"

영양왕은 무겁게 입을 열었습니다.

영양왕의 명을 받은 신하가 떨리는 목소리로 글을 읽어 내려갔습니다.

"신, 요동성 태수는 삼가 아뢰옵니다. 수나라 양제가 우리나라를 치려고 큰 군사를 일으켰다 하옵니다. 수나라 군사는 수군과 육군으로 나누어 두 갈래로 쳐들어온다고 하옵니다. 우리 군사는 일찍이 수나라 군사를 쳐부순 일이 있사오나, 이번 수나라 양제의 군사는 그 때와는 다르다 하옵니다. 비록 급히 모아서 훈련은 안 됐다고는 하나 그 수가 백만이 넘는 대군이라 하옵니다. 병선만 해도 삼백 척이나 된다 하오니, 아무쪼록 전하께서는 덕과 위엄으로 양제의 힘을 꺾어 그들을 막으시옵소서. 소신도 죽기를 각오하고 적과 맞서 싸우겠사옵니다."

글을 다 읽자, 영양왕이 입을 열었습니다.

"수나라 양제가 옛날 진시황을 본받아, 다른 여러 나라의 항복을 받으려 한다는 것은 나도 알고 있는 바이오. 그러나 우리 고구려는 동방의 대국으로 수나라 군사들 앞에 무릎을 꿇는 수치를 당할 수 없소. 우리 고구려를 못마땅하게 생각한 양제가 기어코 이런 일을 저지르기로 한 듯하오. 그러니 모두 충심으로 우리가 나아갈 바를 말해 주기 바라오!"

영양왕이 말을 끝냈지만 누구도 얼른 입을 떼지 못하고 있

었습니다. 신하와 장수들은 수나라 군사의 수가 엄청나다는 소문을 듣고 기가 꺾여 있었던 것입니다.

이윽고 한 신하가 조심스럽게 자기의 생각을 말했습니다.

"아뢰옵기 황송하오나, 싸움은 힘과 힘이 서로 비슷해야만 할 수 있는 줄로 아옵니다. 수나라가 그렇게 많은 군사를 일으켰다면, 거기에 대항해야 할 우리 군사의 수도 비슷해야 하나 지금 우리 군사의 수가 너무 적은 줄로 아옵니다. 적은 군사와

약한 힘으로 대항했다가, 만일 지기라도 한다면 나라를 지탱하기 어려울 것이옵니다. 게다가 백성의 고생이 또 얼마나 클 것이며, 얼마나 많은 군사들이 목숨을 잃겠사옵니까? 참으로 원통하고 분한 일이오나 수나라와 화친을 맺어, 환란을 미리 막는 것이 옳은 줄로 아뢰옵니다."

말이 끝나자, 여기저기서 수군대는 소리가 들렸습니다. 모두 자기가 하고 싶은 말을 대신해 주어서 반가워하는 게 분명했습니다.

신하들의 뜻을 짐작한 영양왕은 못마땅한 듯 얼굴을 찌푸렸습니다.

"그래, 다른 의견은 없소?"

영양왕이 다시 물었습니다. 그러나 아무도 자기의 의견을 선뜻 말하는 신하가 없었습니다. 모두 쩔쩔매며 고개만 숙이고 있을 뿐이었습니다.

그 때 한 장수가 얼굴을 들어 신하들을 돌아보고는 천천히 입을 열었습니다.

"수나라와 화친을 맺는다는 것은, 소신의 생각으로는 도저히 있을 수 없는 일이라 생각하옵니다. 우리 고구려는 예로부터 이웃 나라에게 침략을 받은 일은 많았지만, 정복당한 일은 없었습니다. 이제 와서 화친을 맺는다 함은, 우리나라가 끝나는 것이나 다를 바 없사옵니다. 나라의 안전을 생각하는 마음이라면 죽을 때까지 싸워서 물리칠 각오를 하는 것이 마땅한 줄로 아옵니다."

영양왕은 만족스러운 듯 고개를 끄덕였습니다.

"소신이 비록 능력은 없사오나 용맹한 우리 군사들과 함께 수나라 군사를 모조리 물리치고 고구려의 빛나는 역사를 지키고자 하오니, 전하께서는 소신의 진정한 뜻을 굽어 살펴 주시옵소서!"

장수는 다시 늠름한 모습으로 아뢰었습니다. 영양왕은 장수의 씩씩한 모습과 불을 뿜는 듯한 열변에 감탄했습니다.

화평을 주장한 의견에 동조하던 여러 신하들은 아무 말도 하지 못하고 눈치만 살폈습니다.

수나라 군사와 맞서 싸워 물리치자는 장수는 바로 을지문덕이었습니다.

"경의 뜻이 매우 장하오. 나도 경의 뜻과 같소. 오늘부터 우리나라의 운명은 경의 두 어깨에 달려 있으니, 위기에 놓인 이 나라를 구해 주기 바라오. 경을 대장군으로 임명하겠소!"

영양왕은 을지문덕을 대장군으로 임명한 다음, 모든 책임을 맡겼습니다.

범 무서운 줄 모르는 하룻강아지

을지문덕은 전투에 나설 준비를 서둘렀습니다. 군사들의 편제(조직이나 기구를 조직함)를 점검하여 수나라의 대군과 맞서 싸울 작전을 짰습니다.

"범 무서운 줄 모르는 하룻강아지야. 저러다가 나라를 송두리째 빼앗기고 말 거야!"

화친을 주장했던 신하들은 모여서 수군거렸습니다. 애국심이나 충성심이 부족해서 그런 말을 하는 것은 아니었습니다. 비겁한 사람들도 아니었습니다. 다만, 겉으로 드러난 군사력이 너무나 차이가 나서, 고구려가 이길 것이라는 희망을 조금도 가질 수 없었던 것이었습니다.

신하들의 걱정은 어쩌면 당연한 것이었습니다. 수나라의 군사는 육·해군을 합쳐 113만 3800명이나 되었고, 장수만 해도 644명이나 되었습니다. 군량을 운반하는 사람까지 합하면 무려 200만 명이 넘을 정도였습니다.

수나라는 이 엄청난 군사를 46군단으로 나누어, 한 군단마다 대장 1명, 아장 1명, 부장 1명을 두고, 부대는 다시 보병, 기병, 치중병으로 편성했습니다.

46군단 중에서 22군단을 우문술, 우중문 등 다섯 장수가 이끌도록 하고 나머지 군사는 양제가 직접 지휘했습니다.

영양왕 23년(612), 드디어 수나라 군사들에게 출전 명령이 떨어졌습니다. 수나라 군사가 범이라면, 고구려 군사는 하룻강아지에 지나지 않을 만큼 작고 보잘것없어 보였습니다.

 을지문덕은 방어선을 셋으로 나누어 군사를 배치했습니다. 제1선은 요수 서쪽, 제2선은 압록수 서쪽, 제3선은 살수(지금의 청천강) 연안이었습니다.

 수나라 군사들은 요수 서쪽에 이르러 대군을 집결하고 강을 건널 준비를 시작했습니다. 수백 척의 배로 강을 건너려던 수나라 군사들은 갑자기 빗발치듯 날아오는 화살에 수많은 군사가 목숨을 잃었습니다. 제1선을 방어하는 고구려 군사들의 공격 때문이었습니다.

 배로 건너가기가 어렵다는 것을 알게 된 수나라 군사들은 밤을 새워 만든 배다리(작은 배를 한 줄로 여러 척 띄워 그 위에 널판을 가로질러 깐 다리)로 강을 건너기 시작했습니다.

겨우 배다리로 건너온 수나라 군사들은 이번에는 강둑에서 성난 파도처럼 '와아!' 하고 벼락치듯 몰려 내려오는 고구려 군사들의 공격에 갈팡질팡했습니다.

그 틈바구니에서 수나라 선봉장이 칼에 맞아 쓰러지고, 많은 군사들이 목숨을 잃었습니다. 고구려 군사들은 수나라 군사의 빈틈을 노려 쏜살같이 공격한 후 요동성으로 재빨리 들어가 버렸습니다.

"요동성을 쳐라!"

수나라 장수의 호령에 수나라 군사들은 요동성을 향해 진격했습니다. 그러나 요동성으로 가까이 다가서자 수없이 날아오는 화살에 많은 군사들이 목숨을 잃었습니다.

수나라 군사들은 요동성을 포기하고 평양으로 진격하기 시작했습니다. 앞장선 장수는 수군의 내호아였습니다. 내호아는 고구려를 얕보고, 자신이 제일 먼저 평양성을 정복해서 공을 세우려 했습니다. 하지만 고구려군의 치밀한 작전에 걸려들어 오히려 크게 패했습니다.

이 전투에서 한꺼번에 7만여 명의 수군을 잃은 내호아는 얼마 남지 않은 군사들을 이끌고 서해로 후퇴했습니다.

살수 대첩의 승전보가 울리다

수나라 군사들에게 여러 차례 타격을 가한 후, 을지문덕은 수나라의 장군 우문술에게 거짓으로 항복할 뜻을 전했습니다. 직접 들어가 적의 형편을 살펴보고 작전을 세우기 위한 계략이었습니다.

우문술도 을지문덕의 뜻을 받아들였습니다. 항복하러 오는 을지문덕을 그 때 사로잡을 생각이었던 것입니다.

이미 양제로부터 고구려 왕과 을지문덕을 사로잡으라는 명령이 내려져 있었습니다.

을지문덕은 홀로 우문술의 진영으로 들어갔습니다. 우문술과 우중문은 거짓으로 환영하는 체하며 을지문덕을 잡아 가두려고 했습니다.

그러나 위무사로 있는 유사룡이 말했습니다.

"지금 을지문덕 하나를 잡는다고 해서 이기는 것도 아니니, 잘 달래어 돌려보내고 고구려 왕의 항복을 받는 것이 옳을 것입니다."

유사룡은 을지문덕을 가두는 것이 이롭지 못하다고 온갖 이유를 들어 말렸습니다. 그래서 을지문덕은 적의 형편을 살펴보고, 무사히 돌아올 수 있었습니다.

을지문덕을 돌려보낸 두 장수는 금방 잘못을 깨달았습니다. 양제의 명을 어긴 것이 그 하나요, 또 잡을 수 있는 적의 장수를 돌려보내 자기네 형편을 알게 한 것이 또 하나의 실수였습니다.

두 장수는 급히 사람을 보내 을지문덕에게 이렇게 말하도록 했습니다.

"다시 상의할 일이 있으니 돌아와 주시오!"

을지문덕은 이미 그들의 속셈을 눈치챘으므로 대답도 하지 않고 압록수를 유유히 건너 돌아왔습니다.

"우리가 을지문덕에게 속은 것이오. 당장 쫓아가 사로잡아야 하겠소."

우중문이 분을 이기지 못하고 소리쳤습니다.

"그건 안 될 말이오. 우리는 양식도 떨어지고, 군사들도 지쳐 있어 그를 따라가도 잡지 못할 것이오."

우문술이 말렸습니다. 그리고 그만 군사들을 돌리자고 말했습니다.

"무슨 당치 않는 말이오? 장군은 십만 군사를 이끌고 와서 보잘것없는 적을 무찌르지 못하고 돌아가 어찌 황제를 뵐 수 있단 말이오!"

우중문은 화가 나서 우문술을 나무랐습니다.

그리하여 우문술도 어쩔 수 없이 군사들을 이끌고 압록수를 건넜습니다.

수나라의 두 장수가 거느린 30만 대군을 맞은 고구려 군사는 싸우지 않고 자꾸 후퇴했습니다.

"저들은 양식이 떨어져 굶주리고 있다. 지치게 한 다음, 그

들을 치면 쉽게 이길 수 있다."

 을지문덕은 군사들에게 '적을 만나면 패한 척하고 도망하라.'는 작전 지시를 한 것입니다. 그래서 하룻동안에 일곱 번을 싸우면 일곱 번 모두 수나라의 승리였습니다. 이에 용기를 얻은 수나라군은 살수를 건너 평양에서 30리 떨어진 곳까지 쳐내려와 산에 진을 쳤습니다.

 이 때 을지문덕은 시 한 수를 지어 우문술에게 보냈습니다.

귀신 같은 꾀는 천문을 통하고

묘한 계책은 지리를 꿰었도다.

싸움에 이겨 공이 이미 높았으니

만족함을 알거든 그만 멈춤이 어떨꼬.

시를 읽은 우문술은 크게 만족하여 항복하라는 답서를 보냈습니다.

"그대들이 군사를 거두어 물러가면 뒤에 우리 대왕을 모시고 나가 만나도록 하리다."

을지문덕의 답서를 받은 우문술은 기분이 좋았습니다. 지친 군사로 더 싸울 수도 없는데다가 평양성이 험하고 튼튼하여 싸워 이길 자신이 없었는데, 항복의 뜻을 보내 왔기 때문이었습니다.

우문술은 진을 거두어 돌아가기 시작했습니다.

을지문덕은 이 때를 노리고 작전을 펴 온 것이었으므로, 사방에다 군사를 풀어 수나라 군사를 쳤습니다.

지친 수나라 군사들은 갈팡질팡하면서 살수까지 쫓겨왔습니다. 다급하게 쫓기는 중이라 서로 먼저 건너려고 강물로 뛰어들었습니다. 그 때 고구려 진영에서 갑자기 북 소리가 요란하게 들려오더니, 사방에서 고구려 군사들이 나타나 수나라 군사들을 덮쳤습니다.

그러자 수나라 군사의 대열은 삽시간에 흩어져 아수라장이 되었습니다. 그 때였습니다.

"쏴아!"

난데없이 산더미 같은 강물이 요란한 소리를 내며 무섭게 덮쳐 왔습니다. 수나라 군사들은 마치 개미 떼처럼 강물에 휩쓸려 아우성을 치며 떠내려갔습니다.

앞서 을지문덕의 명령을 받은 고구려 군사들이 미리 강물을 막고 기다리고 있다가 북 소리를 신호로 일제히 막았던 강물의 둑을 터 놓았던 것입니다.

이 어지러운 틈바구니에서 수나라의 장군 신세웅이 고구려 군사의 화살에 맞아 전사했습니다.

수나라 군사들은 여기저기 흩어져서 더 이상 갈피를 잡을 수 없게 되었습니다.

순식간에 수나라 군사들의 수많은 시체가 여기저기 쌓이기 시작하고, 살수의 강물은 강물이라 말하기 어려울 정도로 탁한 빛을 띠었습니다.

수나라의 장수와 군사들은 허둥지둥 달아나 간신히 압록수에 도달했습니다.

처음 요수를 건넜을 때에는 모두 30만 5000명의 군사였는데, 무사히 살아남아 되돌아간 군사는 겨우 2700명에 지나지 않았습니다.

이리하여 을지문덕은 적은 수의 군사로 수나라 대군을 물리쳐 고구려를 구했습니다. 이 전쟁에 크게 져서 나라 힘이 약해진 수나라는 얼마 후, 결국 멸망하고 말았습니다.

을지문덕의 지략과 용맹이 끝내 수나라를 무너뜨린 것입니다.

당나라를 물리친
연개소문

당 태종은 고구려를 칠 준비를 서두르는 한편, 고구려의 국정을 염탐할 겸 장엄을 사신으로 보내어 다시 한 번 연개소문의 마음을 돌려 보려고 했습니다. 그러나 연개소문은 오히려 군사의 힘으로 당 태종이 보낸 사신을 겁주고 그를 옥에 가두어 버렸습니다.

🌸 소년 대대로의 불타는 야망

대대로는 군사의 일을 한 손에 쥔 권세와 지위가 높은 벼슬이었습니다. 연태조는 아버지인 자유의 뒤를 이어 대대로가 된 사람이었습니다.

대대로 벼슬에 있던 연태조가 죽자, 각 부의 신하들이 모였습니다. 대대로 자리를 이을 사람을 뽑기 위해서였습니다.

왕이 죽으면 아들인 왕자가 왕위를 잇듯이 대대로도 아들이 자리를 물려받았습니다.

"이렇게 막중한 자리를 연태조의 아들 연개소문에게 맡길 수는 없는 일입니다. 연개소문은 영특하고 담력이 크며 수완이 좋긴 하지만 성질이 포악하고 잔인하기 짝이 없는 인물입니다. 게다가 연개소문은 아직 15세의 어린 소년에 지나지 않습니다. 그러니 그런 자리에 오를 인물이 아닌 줄로 압니다."

"연개소문의 풍모는 보는 것만으로도 사람을 겁주는 위엄이 있습니다. 성품이 문제입니다."

"옳습니다. 옳아요."

신하들은 모두 대대로 자리를 연태조의 아들 연개소문에게 물려주는 것을 반대하고 나섰습니다. 신하들은 모두 어린 나이에 너무 일찍 위엄을 갖추고, 겁 없이 포악한 짓을 하는 연개소문을 은근히 겁내고 있었습니다.

연개소문은 타고난 수완을 발휘하여 신하들을 찾아다니며 마음을 돌리게 했습니다.

"앞으로 절대로 포악한 짓을 하지 않겠습니다. 그러하오니 지난 허물을 너그럽게 용서하시고, 돌아가신 아버님의 체면을 생각해서라도 소인이 아버님의 뒤를 잇게 해 주십시오."

연개소문은 한껏 공손하게 머리를 조아리고 사죄하며 간청했습니다.

"자네 말을 어떻게 믿겠는가?"

"그건 염려 마시옵소서. 만약, 또 지난날처럼 못된 짓을 하

거나 잔인하고 무도한 짓을 하게 되면, 그 때 쫓아 내시면 될 것이 아니옵니까? 위로 임금님이 계시고 여러 어른이 계신데, 감히 어린 제가 어찌 그렇게 할 수가 있겠습니까?"

 연개소문은 눈물겨운 모습으로 애걸했습니다. 신하들은 연개소문의 태도가 완전히 달라진 것을 보고, 죽은 연태조의 체면을 생각해서 드디어 허락을 했습니다.

 그리하여 15세의 소년 연개소문은 대대로 자리에 당당히 올랐습니다. 대대로가 된 연개소문은 이렇게 생각했습니다.

 '나라가 어지럽고, 국력이 점점 약해져 가는 고구려에는 나 같은 인물이 필요하다. 사람을 알아볼 줄 모르는 자들이 어찌 신하란 말인가.'

 연개소문은 막강한 권세를 갖게 되었습니다. 어느 누구도 섣불리 연개소문을 막을 수가 없었습니다. 자칫, 연개소문의 비위를 건드렸다가는 목숨을 잃기가 십상이었습니다. 왕마저 연개소문을 두려워했습니다.

 연개소문의 권세가 갈수록 더해지자, 왕과 신하들은 비밀리

　에 연개소문을 죽여 버릴 계획을 세웠습니다. 하지만 비밀이 새어 나가 연개소문에게 계획이 알려졌습니다.
　어느 날 연개소문은 자기가 거느리고 있는 군사들을 다 모아 성대한 사열식을 베풀었습니다. 그리고 모든 신하들을 사열식에 초청했습니다. 그 곳에 가는 것을 꺼림칙하게 생각하던 사람들까지도 연개소문의 위엄에 눌려 마지못해 사열식을 보러 갔습니다. 사열식은 당당했습니다. 군사들은 잘 훈련되

고 용맹스러웠습니다.

　사열식이 끝나고, 곧 잔치가 열렸습니다. 모든 신하가 잔치에 참석했습니다.

　잔치가 한창 무르익어 갈 때쯤, 갑자기 한 떼의 군사가 나타나 신하들에게 달려들어 무참히 칼을 휘둘렀습니다. 순식간에 연회장은 아수라장이 되었습니다. 죽은 신하의 수가 100여 명이나 되었습니다.

신하들을 처치한 연개소문은 군사들을 이끌고 궁궐로 들어가 영류왕을 죽였습니다.

연개소문은 영류왕의 조카를 왕위에 앉혔습니다. 고구려는 이제 보장왕이 다스리게 되었습니다.

하지만 보장왕은 이름만 왕일 뿐, 아무 권세도 없는 허수아비였습니다. 그리하여 고구려의 모든 권력은 막리지가 된 연개소문의 손 안에 들어갔습니다.

막리지 연개소문의 말이라면 신하들은 물론이고, 왕까지도 벌벌 떨 정도였습니다. 연개소문은 몸에 칼을 다섯 자루나 차고 다녔습니다. 말을 타고 내릴 때는 호위하는 장수를 땅에 엎드리게 하여 등을 밟고 오르내렸습니다.

또 외출할 때는 반드시 호위병이 좌우에 열을 지었고, 앞에서 인도하는 사람들이 길을 비키라고 호령했습니다. 그러면 사람들은 길 옆으로 비켜서 엎드리거나 겁을 먹고 도망쳤습니다.

연개소문의 위엄에 눌려 감히 얼굴을 바로 쳐다보는 사람이 없었습니다.

안시성 싸움

연개소문은 이미 영류왕 25년(642)부터 당나라의 침략에 대비했습니다. 길림의 부여성에서 남쪽 발해만에 이르는 곳에 천리 장성을 쌓았습니다. 그 때부터 연개소문은 외국, 특히 당나라의 침략에 철저히 대비했습니다.

영류왕을 죽이고 보장왕을 세운 그 해에 동맹을 청하러 온 신라의 김춘추를 옥에 가두었습니다. 그리고 지난날 신라가 빼앗아 간 한강 유역 500리 땅을 먼저 돌려주어야 한다고 으름장을 놓았습니다.

그런 다음, 백제와 손을 잡고 신라의 국경을 쳐서 여러 성을 빼앗았습니다. 신라가 당나라로 건너가는 요지인 당항성(지금의 경기도 화성)을 쳐서, 그 교통로를 막아 버렸습니다.

신라는 완전히 고립되고 말았습니다. 이렇게 되자 신라는 당나라와 더욱 가깝게 지내며 연개소문의 잘못을 당 태종에게 일러바치면서 구원을 청했습니다.

당 태종은 고구려로 사신을 보내어, 신라와 화해하고 사이

좋게 지내도록 권했습니다. 그러나 연개소문은 들은 척도 하지 않았습니다.

신라에게 오랜 원한을 품고 있는 연개소문은 빼앗긴 땅을 되찾기 전에는 화해할 수 없다고 말했습니다.

"이미 그렇게 된 일을 어찌 이제 와서 따질 수 있겠소? 그런 것을 따진다면 요동은 원래 모두 중국의 땅인데 어찌 고구려가 차지하고 내놓지 않는 겁니까? 우리도 가만히 있는데 어찌하여 고구려는 그것을 요구한단 말입니까?"

당 태종의 사신이 이렇게 말했지만, 연개소문은 듣지 않았습니다.

그 보고를 들은 당 태종이 몹시 화를 내며 말했습니다.

"연개소문이 임금을 시해하고 신하들을 죽였으며, 백성을 못 살게 구는데다 이번에는 내 말까지 듣지 않으니 그냥 둘 수가 없다."

당 태종은 고구려를 칠 준비를 서두르는 한편, 고구려의 국정을 염탐할 겸 장엄을 사신으로 보내어 다시 한 번 연개소문의 마음을 돌려 보려고 했습니다. 그러나 연개소문은 오히려 군사의 힘으로 당 태종이 보낸 사신을 겁주고 그를 옥에 가두어 버렸습니다.

당 태종은 고구려를 치기 위해 군사를 일으켰습니다.

수군과 육군, 양군을 총출동시킨 당 태종은 친히 후방에 나아가 군사를 지휘했습니다.

당나라 군사는 개모성·요동성·백암성 등을 차례로 포위했지만, 고구려 군사는 성을 굳게 지키며 활을 잘 쏘아 당나라 군사에게 큰 타격을 입혔습니다.

이 때에 안시성에서 큰 싸움이 벌어졌습니다. 원래 안시성은 지형이 험하고 성이 튼튼했습니다.

당나라는 안시성을 공격하기 위하여 군사 수십만을 동원하여 흙으로 높은 산을 쌓아올렸습니다. 안시성을 아래로 내려다볼 수 있을 만큼 높은 산을 쌓아 그 곳에서 공격할 계획이었습니다.

산이 완성되면 고구려에게는 상당히 큰 위협이 되었을 것입

니다. 그러나 거의 완성되어 가던 산의 한쪽이 무너져 내렸습니다.

"이 때다! 모두 나아가 적을 쳐부수어라!"

서릿발 같은 명령이 떨어졌습니다. 벌 떼처럼 달려나간 고구려 군사는 순식간에 당나라 군사를 짓밟고, 크게 이겼습니다.

마침내 당 태종은 분해서 치를 떨며 모든 군사들에게 후퇴 명령을 내려야 했습니다. 거의 일 년이나 계속된 싸움에 식량마저 떨어졌고, 날씨가 추워서 더 이상 버틸 힘이 없었기 때문이었습니다.

후퇴하는 적이라고 해서 가만히 놓아 둘 연개소문이 아니었습니다. 고구려군은 추격전을 벌여 곳곳에서 지쳐 있는 적을 짓밟았습니다. 당 태종은 뛰어난 작전과 용맹, 그리고 위엄 앞에 무참히 무너졌습니다.

안시성 싸움은 을지문덕의 살수 대첩에 버금가는 큰 승리였습니다.

그 뒤에도 당 태종은 보장왕 6년(647), 14년(655), 17년(658)

에 계속해서 고구려에 쳐들어왔습니다.

　당 태종은 안시성 싸움의 치욕을 씻으려고 여러 번에 걸쳐 안간힘을 썼지만, 번번이 연개소문을 당해 내지 못하고 물러가야 했습니다.

　이처럼 당나라 군사를 여지없이 무찔러 강대한 고구려를 다시 일으켜 세우려던 연개소문은 큰 뜻을 다 펴지 못한 채 보장왕 24년(665)에 파란 많은 일생을 마쳤습니다.

연개소문은 죽기 전에 세 아들인 남생, 남건, 남산을 불러 놓고 조용히 마지막 말을 남겼습니다.

"너희들 형제는 고기와 물과 같이 화목하고, 관직을 두고 서로 다투는 일이 없도록 하라. 만약 그렇지 않으면 이웃 나라의 웃음거리가 될 것이니 명심하라."

그러나 유언의 보람도 없이 연개소문의 아들 삼 형제는 심한 권력다툼 끝에, 결국은 강대국 고구려를 멸망의 길로 몰아넣고 말았습니다.

황산벌에서 장렬하게 쓰러진
계백

일이 이렇게 된 뒤에야 의자왕은 장군 계백에게 나라의 운명을 떠맡겼습니다. 기적을 만들어 낼 수 있는 인물은 이제 계백밖에 없다고 생각했기 때문입니다. 나라의 운명을 어깨에 짊어진 계백은 마음이 무거웠습니다.

🌼 계백에게 달린 백제의 운명

백제를 쳐들어온 당나라군은 백강을 건넜고, 신라군도 탄현을 넘었습니다.

백제가 지켜야 할 가장 중요한 곳이 당나라군과 신라군에게 점령되어 버린 것입니다.

백제의 운명은 이제 바람 앞의 등불처럼 위태로워졌습니다. 기적이 일어나지 않는 한, 이제 백제는 더 이상 지탱하기 어렵게 되었습니다.

그러자 백제의 의자왕은 장군 계백에게 나라의 운명을 떠맡겼습니다. 기적을 만들어 낼 수 있는 인물은 이제 계백밖에 없다고 생각했기 때문입니다.

나라의 운명을 어깨에 짊어진 계백은 마음이 무거웠습니다.

백제의 보잘것없는 군사로 당나라와 신라 두 나라의 연합군을 쳐서 물리친다는 것은 아무래도 기적을 바라는 것과 다름없는 일이었습니다.

'그래, 기적을 만들어 보자!'

계백은 굳게 결심했습니다.

계백은 밤잠을 설쳐 가며 이런저런 지혜를 짜 내었습니다. 그래서 생각해 낸 것이 결사대였습니다.

계백은 백제 군사 중에서 용맹스럽고, 충성심이 강한 장병만 골라 5000명의 결사대를 조직했습니다.

계백은 결사대를 점검한 후 말했습니다.

"나라의 운명은 바로 그대들에게 달렸다. 옛날 중국 월왕 구천은 그대들과 똑같은 오천 명의 군사로 오왕 부차가 거느린

칠십만 대군을 무찔렀다. 신라와 당나라의 군사가 많다고는 하나, 겨우 십오만 명에 지나지 않는다. 구천의 군사처럼 목숨을 던지고 싸운다면 반드시 적을 무찌를 수 있을 것이다."

결사대와 더불어 싸움터로 나가기 전에 계백은 마지막으로 집에 들렀습니다. 어쩌면 영영 돌아올 수 없을지도 모른다고 생각하니 발걸음이 무거웠습니다.

식구들을 한자리에 모아 놓고

계백은 한참 만에 입을 열었습니다.
"나는 곧 싸움터로 떠날 것이다. 우리 백제가 저들의 말발굽에 짓밟히지 않으리라는 보장은 아무도 할 수 없다. 나와 같이 싸움터로 나가는 저 오천 명의 군사들도 살아 돌아온다는 희망은 가질 수 없다."
계백은 잠시 사랑하는 가족들을 둘러보았습니다. 적과 싸울 수 있는 사람은 단 한 사람도 없었습니다. 모두 연약한 여자이

거나 어린 손자들뿐이었습니다.

"나는 너희들이 살아남아서 무도한 적에게 곤욕을 치르고, 종으로 끌려가서 짐승보다 못한 대접을 받을 것을 생각하니 가슴이 아파, 차마 전쟁터로 나가는 발걸음이 떨어지지 않는구나!"

그러자 계백의 부인은 그의 속마음을 알아차리고 침착하게 입을 열었습니다.

"장군이 싸움터에서 돌아가시고, 나라가 망한다면 우리가 살아남는다고 해도 장군을 욕되게 하는 것밖에 더 무슨 일을 할 수 있겠습니까? 적의 손에 치욕을 당하고 수모를 받느니,

차라리 우리 모두 장군의 손에 죽고자 합니다. 그것이 만 번 다행한 일인 줄로 압니다."

"그러하옵니다. 아버님, 저희들의 목을 베시고 빨리 싸움터로 나가시옵소서!"

며느리들도 시어머니의 뜻에 찬성했습니다.

"과연 내 가족들이로구나! 우리 모두 저승에서 다시 만나자꾸나!"

계백은 찢어질 듯 아픈 마음을 참고 칼을 내리쳤습니다. 마침내 가족들은 모두 숨을 거두었습니다. 계백은 가족들의 피가 묻은 갑옷을 입은 채 결사대를 이끌고 싸움터로 달려나갔습니다.

죽음을 각오한 백제 결사대

드디어 7월 9일 싸움이 시작되었습니다. 백제 결사대는 이미 죽음을 각오한 사람들이었습니다.

혼자서 신라 병사 1000명을 죽이겠다는 각오와 용기로 싸움에 임하는 군사들이었습니다. 그런 백제 군사들의 기세를 신라 군사들은 도저히 당해 낼 수 없었습니다.

첫 번째 싸움은 백제군이 크게 이겼습니다.

"만세! 백제가 이겼다!"

백제 군사들의 사기는 하늘을 찌를 듯 높았습니다.

첫 공격에서 패한 신라 군사는 사기가 형편없이 떨어졌습니다. 무려 열 배가 넘는 군사인데도 패하다니, 참으로 기가 막히는 일이었습니다.

저녁 무렵, 두 번째 공격을 했습니다. 그러나 결과는 마찬가지였습니다. 신라는 수많은 군사를 잃고 후퇴할 수밖에 없었습니다.

"무엇으로 군사들의 사기를 저토록 올려놓았단 말인가? 계백은 과연 명장이야!"

신라 군사를 이끄는 김유신은 기가 죽고 사기가 떨어져 있는 군사들의 모습을 보고 말했습니다.

"우리 군사가 패한 것은 계백의 지혜나 용기 때문이 아니오. 우리 군사들이 죽을 각오로 싸우지 않았기 때문이오. 모두 겁을 먹은 얼굴이니 어찌 이기길 바라겠소!"

김유신은 부하 장수인 흠순과 품일에게 꾸중을 했습니다.

김유신은 초조했습니다. 7월 10일에 남쪽 지방에서 당나라 군사들과 만나기로 되어 있어, 그 안에 황산벌을 돌파해야만 마지막으로 사비성을 칠 수가 있기 때문이었습니다.

그 날 밤, 흠순은 아들인 반굴을 불러 놓고 말했습니다.

"신하 된 자로서, 이런 위기를 만나 나라에 충성을 다하지 못한다면 어찌 화랑이라 하겠느냐? 내일 싸움에서 너의 한 목숨을 바쳐 충성을 다함이 어떠하겠느냐?"

"삼가 아버님의 뜻을 받들겠사옵니다."

흠순은 반굴에게 군사 3000명을 거느리게 하여 싸움터로 보냈습니다. 반굴은 군사들과 함께 선두에서 용감히 싸우다가 화살을 맞고 죽었습니다. 뒤를 따르던 군사들도 수없이 목숨을 잃었습니다.

그 때 품일도 아들 관창을 불러 말했습니다.

"네가 열여섯 살밖에 안 되었지만, 의지가 굳고 기개가 큰 화랑으로서, 반굴처럼 용감히 싸워 신라군의 사기를 올릴 자신이 없느냐?"

"저의 목숨을 바쳐 신라군의 사기를 높이겠사옵니다."

말을 끝낸 관창은 혼자 말을 타고 백제군의 진영으로 달려갔습니다.

망루에서 관창이 홀로 달려오는 것을 본 계백이 부하 장수에게 명령했습니다.

"감히 혼자서 싸우러 오다니! 저 놈을 사로잡아 오너라!"

계백의 명령을 받은 부하 장수가 달려나가 올가미를 던져 관창을 말 아래로 떨어뜨렸습니다. 그리고 계백의 앞으로 끌고 왔습니다.

"그 놈의 투구를 벗겨라!"

계백이 명령했습니다.

투구를 벗기자, 어린 소년의 모습이 나타났습니다. 소년 관창을 본 계백은 감탄했습니다.

"신라는 과연 흥할 나라로다. 소년이 이러할진대 하물며 장수들은 어떻겠는가!"

계백은 어린 소년의 용기와 기백을 사랑하는 마음에서 차마 죽이지 못하고, 관창을 그냥 돌려보내게 했습니다.

신라 진영으로 돌아온 관창은 손으로 우물물을 떠서 마신 후, 이렇게 말했습니다.

"내가 적진에 들어가 장수 하나 베지 못하고 적의 기세도 꺾지 못했으니 참으로 한심스러운 일이다. 다시 가서 기어코 뜻을 이루고 말리라!"

그러고는 다시 말을 돌려 적진으로 날쌔게 달려갔습니다.

그러나 어린 관창이 아무리 용감해도 계백의 결사대를 당할 수는 없었습니다. 관창은 다시 붙잡혔습니다.

"기특한 소년이지만, 할 수 없다. 목을 베어 돌려보내라!"

말안장에 매달려 온 관창의 목을 안아 든 품일은 피를 닦아 주며 혼잣말을 했습니다.

"내 아들의 얼굴이 살았을 때와 똑같구나. 장하도다. 나라를 위해 목숨을 바쳤으니 무엇이 한이 되랴!"

이 모습을 본 신라군은 적개심과 분한 마음으로 몸을 떨었습니다. 장군의 아들인 어린 화랑이 저토록 목숨을 내던지는데, 어찌 하잘것없는 내 목숨을 아끼랴 하는 각오가 신라군의 가슴을 끓게 했습니다. 이제 누구 하나 죽음을 겁내지 않았습니다. 복수심과 충성심이 불타올랐습니다.

드디어 공격 명령이 떨어졌습니다. 신라군은 성난 파도처럼 북을 치며 진격했습니다. 신라군이 지르는 함성이 천지를 뒤흔들었습니다. 이제 신라의 5만 군사가 결사대로 바뀐 것입니다.

5000명의 결사대와 5만의 결사대가 맞부딪친 황산벌은 순식간에 아수라장이 되었습니다.

안타깝게도 5000명의 백제 결사대가 계백과 함께 최후를 맞이했습니다. 싸움터는 고요한 정적에 휩싸였습니다.

계백이 끝내 기적을 이루지 못한 채, 그의 군사들과 함께 황산벌에서 장렬히 숨진 것입니다.

그것은 곧 백제의 최후나 다름없었습니다.

삼국 통일의 주역
김유신

선덕 여왕은 나라의 위기를 구할 사람은 김유신뿐이라고 생각했습니다. 그리하여 김유신을 대장군 다음의 상장군으로 삼았습니다. 선덕 여왕 13년(644) 9월, 김유신은 왕명을 받고 총공격을 개시했습니다. 첫 번째 공격 목표는 백제의 가혜성이었습니다.

❀ 소년 화랑 김유신의 결심

김유신은 신라 제26대 진평왕 17년(595)에 장군 김서현의 아들로 태어났습니다. 김유신의 어머니는 특이한 꿈을 꾸고 난 뒤 김유신을 낳았습니다. 하늘에서 내려온 금빛 갑옷을 입은 아이가 품에 안기는 꿈이었습니다. 태어난 아기의 등에는 까만 점 일곱 개가 북두칠성 모양으로 박혀 있었습니다.

김유신은 본래 김해 지방에 있던 조그마한 나라인 금관 가야 왕의 후손이었습니다.

낙동강 유역에 6가야가 있었는데, 금관 가야는 6가야 중에서 중심 세력을 이루고 있었습니다. 그러다가 법흥왕 때 금관 가야국의 구해왕이 일족을 거느리고 신라의 서라벌로 옮겨 왔습니다.

금관 가야의 마지막 왕인 구해왕의 증손이 바로 김유신입니다. 김유신의 아버지와 할아버지 김무력 또한 모두 뛰어난 장군이었습니다.

김유신은 어려서부터 무술을 익혔을 뿐만 아니라, 남달리 뛰어난 재주로 주위 사람들을 놀라게 했습니다.

김유신은 15세의 어린 나이에 화랑으로 뽑혔습니다.

화랑이 된 김유신은 다른 화랑들과 함께 하루도 쉬지 않고 무술을 연마했습니다. 그리고 철따라 아름다운 자연을 즐기기 위해 여러 곳을 찾아다녔습니다.

어느 날 김유신은 온종일 산과 들로 다닌 후 몇몇 화랑들을 데리고 한 주막에 들어갔습니다. 주막에는 천관이라는 아름다운 여자가 있었습니다.

 천관은 아름다울 뿐만 아니라, 예절이 바르고 마음씨가 착하며 아는 것도 많았습니다. 그 날부터 김유신은 천관이 있는 주막을 자주 찾았습니다.

김유신이 주막을 자주 다닌다는 소문이 김유신 어머니의 귀에까지 들어가게 되었습니다.

　　"들자하니 요즈음 천관이란 계집이 있는 주막에 자주 드나든다는데 그게 정말이냐?"

　　"예."

　　"다시는 가지 마라!"

　　"어머님, 천관은 천한 사람이 아닙니다. 좋은 가문의 여자들과 조금도 다를 바가 없습니다. 몸가짐, 마음씨, 예의범절, 무엇 하나 나무랄 데가 없는 여자이옵니다."

　　"천관이란 계집이 나쁘다고 해서 가지 말라는 게 아니다."

　　"그러면 무엇 때문이옵니까?"

　　"너는 화랑이 아니냐? 장차 나라를 위해 큰일을 해야 할 사람이 그런 곳에 다니면서 술을 자주 마시면 자연히 마음이 무디어지는 법이다. 그리고 너를 따르는 많은 화랑들이 있다는 것도 생각해야지. 알아들었느냐?"

　　"예, 명심하겠습니다."

김유신은 어머니가 말씀하시는 뜻을 깊이 깨달았습니다.

그 날부터 김유신은 천관이 있는 주막에 발길을 뚝 끊었습니다. 술을 마실 일이 있어도 다른 집으로 갔습니다.

어느 날 김유신이 술을 마시고 말 위에서 졸면서 집으로 가고 있었습니다.

이상해서 눈을 떠 보니 말이 천관의 주막 앞에 멈춰 서 있는 것이었습니다.

'음, 내가 졸고 있는 동안에 말이 제 마음대로 왔구나!'

천관은 김유신을 보고 뛰어나와 반가운 얼굴로 맞이했습니다. 그러나 김유신은 천관을 본체만체했습니다.

"네놈이 내 결심을 깼구나!"

김유신은 말에서 뛰어내려 칼을 쑥 뽑아 들었습니다.

"주인의 뜻을 모르는 말은 필요 없다!"

김유신은 큰 호령과 함께 칼로 말의 목을 내리쳤습니다.

김유신은 결심을 지키기 위해 자신이 평소 아꼈던 말의 목을 벤 것입니다.

"도련님, 이게 웬일이세요?"

김유신은 천관의 물음에 아무 대답도 하지 않은 채 뒤도 돌아보지 않고 곧바로 집을 향해 걸어갔습니다.

김유신의 큰 뜻을 헤아린 천관도 더는 붙잡지 않고 말없이 보냈습니다.

그 후, 천관은 젊은 나이에 세상을 떠나고 말았습니다.

김유신은 훗날 천관을 불쌍히 여겨 천관이 살던 자리에 절을 세우고 이름을 천관사라 했습니다. 그리고 그 때 사랑하는 말의 목을 벤 곳을 참마항이라고 불렀습니다.

김유신이 삼국 통일의 큰 업적을 이루기 위한 기반은 말의 목을 벤 때부터 싹텄는지도 모릅니다.

도인으로부터 비법을 배우다

이 무렵에 신라는 하루도 평안할 날이 없었습니다.

북쪽에서는 고구려가, 서쪽에서는 백제가 자주 쳐들어왔을 뿐만 아니라 바다 건너 왜구들도 말썽을 일으켰습니다.

'나라를 위해 앞으로 큰일을 하려면 먼저 몸과 마음을 닦아야겠다……'

이렇게 생각한 김유신은 17세가 되었을 때 중악산 깊은 산속으로 들어갔습니다.

산 속을 한참 동안 헤맨 끝에 커다란 폭포가 있는 곳에 이르렀습니다.

"좋은 곳이로구나!"

폭포 주위를 자세히 살펴보니 한쪽에 제법 큰 동굴이 하나 있었습니다.

'옳지, 저 동굴을 거처로 삼아야지.'

김유신은 맑은 폭포에 몸을 깨끗이 씻고 동굴에 들어가 마음을 가다듬은 다음 기도를 올렸습니다.

"천지신명이시여, 굽어 살피시옵소서. 요즈음 북쪽 고구려와 서쪽 백제가 우리나라를 자주 침범하여 편할 날이 없습니다. 저는 재주는 없사오나 오직 나라를 위하여 충성을 다해 삼국을 통일하는 데 이 몸을 바치고자 합니다. 천지신명께서는 이러한 뜻을 이룰 수 있도록 인도하여 주옵소서…….”

김유신은 단정히 앉아 밤새도록 기도를 올렸습니다.

이렇게 하루가 지나고 이틀, 사흘이 지나도록 김유신은 꼼짝 하지 않고 오로지 간절한 기도만 드렸습니다.

나흘째가 되던 날, 문득 어디서 무슨 소리가 들려오는 것 같아서 김유신은 번쩍 눈을 떴습니다.

백발에 긴 수염을 한 노인이 눈앞에 서 있었습니다.

“젊은이는 왜 이 곳에 왔으며 무엇을 하고 있는가?”

“어르신네는 누구신지요?”

“나는 정처 없이 떠도는 몸으로 이름은 난승이라고 하네.”

김유신은 공손히 절을 올렸습니다.

“저는 신라 사람으로 김유신이라 합니다. 온 나라에 전쟁이 그치지 않아 마음아프게 여기고 있습니다. 그래서 삼국을 통일하여 백성들이 편히 살 수 있도록 천지신명께 빌고 있었습니다.”

“참으로 기특하다!”

"제가 뵙기에 어르신네께서는 보통 분이 아니신 듯합니다. 가르침을 주시옵소서."

김유신의 눈은 빛났습니다. 그 말 속에는 진실과 사내 대장

부의 의지가 번득였습니다.

"아직 젊은 나이에 삼국 통일의 큰 뜻을 품었으니 참으로 장한 일이다. 내 그대의 뜻을 장하게 여겨 몇 가지를 가르쳐 주겠다. 그러나 그대에게만 가르쳐 주는 것이니 배운 것을 아무에게나 전하지 마라. 알겠느냐?"

"예, 명심하겠습니다."

이렇게 하여 김유신은 난승이라는 노인으로부터 가르침을 받았습니다.

김유신은 세상의 이치뿐만 아니라 장차 여러 나라 사이에 일어날 일, 또 대처하는 방법을 차례차례 배웠습니다. 군대를 통솔하는 법과 전쟁을 할 때의 전략도 배웠습니다. 세상에 알려지지 않은 무술 비법도 배웠습니다.

그렇게 열심히 가르치고, 또 배우는 동안 많은 날들이 빠르게 지나갔습니다.

새롭고 신기한 것을 익히고 나니 김유신은 눈앞이 훤히 밝아지는 것 같았습니다.

"그만하면 됐다. 이제 내 할 일은 끝났으니 가겠노라!"

"무슨 말씀이온지······."

노인은 김유신에게 작별 인사를 할 겨를도 주지 않고 훌쩍 떠났습니다.

김유신은 얼른 일어나 노인의 뒤를 따랐습니다. 그런데 아무리 빨리 걸어도 노인을 따를 수가 없었습니다.

노인은 천천히 걸어가는 것 같은데 김유신과의 거리는 조금도 좁혀지지 않았습니다.

첫 싸움터에서 용맹을 떨치다

백제와 고구려는 날이 갈수록 신라를 더 자주 공격해 왔습니다. 이 무렵 중국 땅에는 수나라가 망하고 당나라가 세워졌습니다. 고구려는 당나라를 조금도 두려워하지 않고 맞서 싸웠으며, 당나라와 가까이 지내는 신라를 자주 공격해 왔습니다.

신라에서도 가만히 당하고만 있을 수 없어서 드디어 진평왕 51년(629)에 고구려의 낭비성(지금의 충청북도 청주)을 치기로 했습니다.

대장군 김용춘(태종 무열왕 김춘추의 아버지), 장군 김서현을 비롯한 많은 장수와 군졸들이 싸움터로 나갔습니다. 그 때 김유신도 처음으로 싸움에 참가했습니다.

고구려군을 상대로 한 첫 싸움에서, 신라군은 적이 성 안에 있는 줄 알고 성을 공격하려다가 미리 성 밖에 매복하고 있던 고구려 군사들의 공격에 말려들고 말았습니다.

신라 군사들은 뜻밖의 일을 당하자 겁부터 먹고 제대로 싸우지 못했습니다. 할 수 없이 물러나 다음 기회를 기다릴 수밖에 없었습니다.

이를 보다 못한 김유신은 아버지 김서현 앞으로 나아갔습니다.

"아버님, 지금 우리 군사들은 적을 두려워하고 있습니다. 무엇보다 군사들의 용기를 북돋우는 것이 중요합니다. 제가 한

번 나서 보겠습니다."

"그래, 한번 해 보아라."

김유신은 혼자서 칼을 뽑아 들고 적진을 향해 달려갔습니다. 고구려의 진영이 한 사람의 젊은 신라 장수로 인해 삽시간에 혼란스러워졌습니다.

김유신의 칼은 번갯불처럼 빛나고 빨랐습니다. 거기에는 적의 어떤 무기도 당해 내지 못했습니다. 적의 화살도 김유신을 맞추지는 못했습니다.

고구려 군사들의 주검이 낙엽처럼 쌓였습니다. 신라 군사들은 우레 같은 함성을 질렀습니다. 이번에는 고구려 군사들이 겁에 질리게 되었습니다.

이리저리 칼을 휘두르며 용감하게 싸우던 김유신은 한쪽으로 비껴나면서 고구려의 본 군대가 있는 곳을 향해 큰 소리로 외쳤습니다.

"듣거라! 나는 신라의 김유신이다. 너희 허약한 군사들을 더 이상 죽이고 싶지 않다. 너희 고구려에도 이 김유신과 맞설 만한 장수가 있느냐? 있거든 나오너라!"

그러자 고구려 진영에서 한 장수가 말을 타고 달려나오는 것이었습니다.

"좋다, 내가 상대해 주마!"

"오냐, 어서 오너라!"

드디어 두 장수는 맞붙었습니다. 용과 호랑이가 싸우듯 구름 같은 먼지가 자욱이 일어났습니다. 얼마나 싸웠을까? 마침내 김유신의 칼에 고구려 장군의 목이 떨어졌습니다.

김유신은 신라군을 향해 칼을

높이 들어올려 보였습니다.

"와아! 와아!"

신라 군사들은 기세가 등등하여 고구려 진영을 짓밟았습니다. 그러자 고구려군은 힘없이 무너지고 말았습니다.

김유신은 이 첫 싸움에서 이미 훌륭한 장군이 될 소질을 보여 주었던 것입니다.

거듭되는 승전보

그 뒤 선덕 여왕 때였습니다. 고구려는 백제와 함께 신라의 당항성을 공격해 왔습니다. 당항성은 신라와 당나라가 오가는 중요한 길목이었습니다.

이미 대야성이 함락되어 신라는 매우 초조해 하고 있었는데, 잇달아 당항성을 또 빼앗기고 말았습니다.

선덕 여왕은 나라의 위기를 구할 사람은 김유신뿐이라고 생각했습니다. 그리하여 김유신을 대장군 다음의 상장군으로 삼았습니다.

선덕 여왕 13년(644) 9월, 김유신은 왕명을 받고 총공격을 개시했습니다.

첫 번째 공격 목표는 백제의 가혜성이었습니다.

가혜성에 이르러 김유신은 장수들을 불러 놓고 격려했습니다.

"우리는 백제의 기를 꺾고 신라의 힘을 과시해야 할 때를 맞았소. 특히 부하들을 사랑하고 용기를 북돋우는 일에 최선을 다하기 바라오."

그리고 북을 울려 일제히 성을 향해 진격해 들어가도록 했습니다. 그런데 백제군은 김유신이 왔다는 소식만 듣고서도 잔뜩 겁을 먹고 제대로 대항조차 못 했습니다.

"적은 흔들리고 있다. 늦추지 말고 공격하라! 백성들은 죽이지 마라! 함부로 노략질을 해서도 안 된다! 항복하는 자는 잘

보호하도록 하라!"

이렇게 하여 가혜성은 쉽게 함락되었습니다.

항복한 백제군들은 김유신을 몹시 존경했고, 백성들도 그를 따랐습니다.

김유신은 군사들을 배불리 먹이고 쉬게 한 다음 두 번째의 목표를 향해 진격했습니다. 김유신은 성열성을 함락시키고 잇달아 다섯 개의 성을 빼앗았습니다. 불과 석 달 동안에 백제의 성 일곱 개를 빼앗고 이듬해 정월에 서라벌로 돌아왔습니다.

김유신이 선덕 여왕을 뵈러 궁궐로 가고 있는데 사람이 급히 와서 왕명을 전했습니다.

"지금 매리포성이 백제군의 공격을 받고 있다 하니, 장군은 다시 그 곳으로 나아가 적을 물리치도록 하시오."

김유신은 명을 받자마자 즉시 말머리를 돌려 군사들이 기다리고 있는 매리포성으로 향했습니다. 그 때 옆에 있던 장수가 말했습니다.

"장군님, 여기는 서라벌입니다. 장군님 댁이 멀지 않은 곳에 있습니다. 먼 길을 떠나시기 전에 잠시 댁에 들르셨다가 출발해도 늦지 않으리라 생각합니다."

"그게 무슨 소리인가? 얼마나 사태가 위급하면 싸움터에서 막 돌아온 나를 곧바로 다시 보내려 하시겠는가? 이런 때에 집에 들른다는 것은 충성의 길이 아니니, 이 나라의 장군 된 몸으로 어찌 그럴 수가 있겠는가."

"잘 알겠습니다."

장수는 얼굴이 붉어졌습니다.

김유신은 군사들이 있는 곳에 닿자 위엄 있게 말했습니다.

"신라 군사들은 들으라! 그대들은 지금까지 잘 싸워 백제의 성을 일곱 개나 점령했다. 그런데 지금 이 시간, 백제가 또 우리 매리포성을 공격하고 있다고 한다. 가는 곳마다 승리하는 우리가 어찌 이 소식을 듣고 가만히 있을 수 있겠는가? 자, 매리포성으로 달려가자!"

"가자!"

"와아!"

군사들은 칼과 창을 높이 들고 환호성을 올렸습니다.

매리포성을 공격하던 백제 군사들은 김유신의 부대가 온다는 소식을 듣고 싸우지도 않고 사방으로 도망쳤습니다.

"추격하라!"

달아나는 백제군을 향해 신라군은 호랑이 떼처럼 달려들었습니다. 백제군은 수많은 군사를 잃고 정신 없이 달아났습니다.

선덕 여왕 14년(645) 3월에 서라벌로 돌아온 김유신은 먼저 궁궐로 들어가 선덕 여왕을 뵈었습니다. 선덕 여왕은 김유신의 노고를 치하하고 나서 또다른 문제를 의논했습니다.

"백제의 군사들이 구름같이 몰려와서 국경 근처에 진을 치고 있다 하오. 이 무리들이 장차 크게 쳐들어올 것 같소. 장군, 어찌 하면 좋겠소?"

김유신은 사태가 급박함을 알고는 자신이 물리치겠다고 아뢰었습니다. 그러고는 곧 진군할 채비를 했습니다.

김유신이 서라벌에 왔다는 소문은 김유신의 집에도 전해졌습니다.

"오랜만에 들르시겠구나. 이번에는 며칠 쉬시겠지."

가족들은 김유신을 맞이하기 위해 집안을 정돈하고 음식을 마련하느라 분주했습니다. 그러나 김유신이 곧바로 싸움터로 나가게 되었다는 소식이 들려왔습니다.

"그래도 집에 잠깐만이라도 들르실 게야."

왕명을 받은 김유신은 장수들과 함께 궁궐을 나와 말을 타고 군막으로 향했습니다. 김유신의 집은 궁궐에서 군막에 이르는 도중에 있었습니다. 그래서 김유신은 집 앞을 지나지 않을 수 없었습니다.

벌써부터 대문 앞에는 김유신의 가족들과 하인들이 줄을 지어 서 있었습니다. 김유신이 집 앞에 이르렀을 때 기다리고 있던 가족들과 하인들이 반갑게 맞이했습니다.

"장군님!"

김유신은 아무런 대꾸도 하지 않았습니다. 오히려 말을 힘껏 걷어차면서 그 앞을 빨리 지나치고 말았습니다.

한동안 묵묵히 가던 김유신은 말을 세웠습니다. 그러고는 군사 하나를 불렀습니다.

"너는 내 집으로 가서 우물물 한 그릇을 떠 오너라."

명을 받은 군사는 잠시 후에 김유신의 집 우물물을 떠 가지고 돌아왔습니다. 김유신은 우물물을 한 모금 마셨습니다.

"우리 집 물맛이 예나 다름없구나. 물맛이 그대로니 집안에도 별일이 없을 것이다. 자, 가자!"

그 모습을 지켜본 장수와 군사들은 한결같이 감탄했습니다.

"장군께서는 이토록 사사로운 일에 이끌리지 않으시고 오직 충성을 다하시는구나! 우리도 마땅히 배워야 한다."

거듭되는 싸움이었지만 군사들의 사기는 날이 갈수록 더욱 높아만 갔습니다.

당나라도 두려워하다

백제가 멸망하자 당나라는 엉뚱한 야심을 드러냈습니다. 이번 기회에 한반도를 완전히 손아귀에 넣자는 속셈이었습니다.

신라의 태종 무열왕은 이런 낌새를 알고 있었습니다.

"내 일찍이 당나라의 속셈을 짐작했지만 이제 사실로 드러나고 있소. 자, 누가 대책을 말해 보시오."

여러 가지 의견을 나누다가 신라 군사들이 백제 군사처럼 꾸미고 당나라 군사와 한판 싸우기로 했습니다.

이 사실은 곧 당나라 장군 소정방에게 알려졌습니다. 소정방은 깜짝 놀랐습니다.

"안 되겠다. 신라는 함부로 넘볼 수 없는 나라다. 김유신 장군이 있는 한 어쩔 수가 없다."

태종 무열왕 7년(660) 9월 3일, 소정방은 장군 유인원과 1만여 명의 군사를 사비성(지금의 충청남도 부여)에 남겨 놓고 백제 땅을 떠났습니다. 그 때 당나라 군사들은 백제의 왕과 왕족, 그리고 신하들과 장수 90여 명을 비롯한 1만 2000여 명의 백성을 배에 싣고 돌아갔습니다. 당나라에 돌아온 소정방에게 당나라의 황제 고종은 불쾌한 표정으로 말했습니다.

"어찌하여 신라까지 쳐부수지 않고 그냥 돌아왔느냐?"

"신라를 쳐부술 계획이었사오나, 신라의 왕은 인자하여 백성들을 매우 사랑하며, 왕에 대한 신하들의 충성심 또한 매우 놀라웠습니다. 신라는 비록 작은 나라이지만 함부로 넘볼 수 없었습니다. 더구나 김유신은 지략이 아주 뛰어난 명장으로 그가 있는 동안에는 함부로 공격할 수 없다고 판단했습니다."

한편, 유인원이 거느린 1만여 명의 당나라 군사들이 남아 있는 사비성에는 당나라 군사들이 함부로 날뛰기 시작했습니다. 이 때문에 백제 땅 곳곳에서는 반란이 일어나 빼앗긴 땅을 되찾고 잃은 나라를 다시 세우려고 했습니다. 신라군과 당나라 군이 백제의 반란군을 진압하고 있을 때 신라 북쪽 국경은 고구려의 위협을 받게 되었습니다.

고구려군은 신라의 술천성을 공격하다 다시 북한산성을 공격해 오기도 했습니다. 그러나 신라는 수비를 튼튼히 하고 군사들이 잘 싸워 고구려군을 물리쳤습니다.

김유신은 나라 정세가 점점 안정되어 가자 오랜만에 서라벌로 돌아왔습니다.

달 밝은 가을 밤, 김유신은 마당으로 나와 달을 바라보고 있었습니다.

"장군님, 요즘 수상한 자가 자주 나타나곤 합니다. 저 맞은 편에 있는 버드나무 쪽을 보십시오."

"나도 이미 알고 있었소. 내 물어 볼 말이 있으니 저자를 이리로 데려오시오."

군사들이 달려가 한 사내를 데리고 왔습니다. 김유신은 대뜸 이렇게 말했습니다.

"너는 언제 고구려에서 이곳으로 왔느냐?"

"예? 아, 아닙니다!"

"네가 북쪽에서 온 줄을 내 이미 알고 있는데 감히 나를

속이려 하느냐?"

 사내는 너무 뜻밖의 물음을 받고 어쩔 줄 몰라했습니다. 더욱이 김유신의 늠름하고 준엄한 음성에 기가 죽어서 고개를 들지 못하고 아무 말도 못 했습니다.

 "너를 무사히 돌려보내 줄 터이니 걱정하지 마라."

 "……"

 "우리 신라는 하늘의 뜻을 거스르지 않고 임금님께 충성을 다하며 백성들은 한마음으로 뭉쳐 있다. 너는 돌아가서 너희 임금께 네가 본 대로 전하라, 알겠느냐?"

 사내는 고구려로 돌아가 사실대로 보고했습니다. 고구려의 보장왕은 혀를 차면서 탄식했습니다.

태대각간 김유신이 죽다

신라는 기어이 고구려를 무너뜨렸습니다. 문무왕은 신라 대군을 이끌고 개선하여 오던 중 남한주 땅에 이르러 여러 신하들을 불러모았습니다.

"백제와 고구려를 함락시키고 이 땅을 통일하게 된 것은 오로지 외삼촌 대각간(임금 바로 아래의 벼슬) 김유신 장군의 덕분이오. 이제 과인은 그에게 큰 상을 내릴까 하오."

문무왕은 생각 끝에 대각간 위에 '태'자 하나를 더 올려 주기로 했습니다. '태대각간'이란 벼슬은 신라 역사를 통해 김유신 한 사람에게만 내려졌습니다.

백제와 고구려를 손에 넣었지만 신라로서는 해야 할 일이 너무나 많았습니다. 백제와 고구려 백성들이 일으키는 반란을 잠재우고, 걸핏하면 말썽을 부리는 당나라 세력도 몰아 내야만 했습니다. 문무왕은 어려운 일이 있을 때마다 김유신을 불러 의논을 했습니다.

문무왕 13년(673) 봄에 이상한 별이 하늘에 나타나더니, 그

해 6월에는 김유신의 집에 불길한 일이 생겼습니다.

사람들이 김유신의 집 앞을 지나다가, 갑옷을 입고 무기를 든 군사 수십 명이 흐느껴 울면서 김유신의 집에서 나오더니 스르르 연기처럼 사라지는 것을 보았다는 것이었습니다.

그러나 김유신의 집에는 아무런 일이 없었습니다. 이 소문은 서라벌 온 장안에 퍼지고 김유신의 귀에도 들어갔습니다.

"그것은 이제까지 나를 지켜 주시던 보이지 않는 하늘의 힘이었을 것이다. 그 힘이 나를 떠났으니 나의 힘과 운명도 이로써 끝나는 것이리라. 죽음이 멀지 않았다는 징조로다."

이 말은 틀림없었습니다.

그 후, 김유신은 병석에 눕게 되었습니다. 이 소문은 온 서라벌을 들끓게 했고, 모든 백성들은 김유신이 완쾌하기를 빌었습니다. 문무왕은 친히 병문안을 왔습니다.

그러나 김유신은 일어나 앉을 만한 힘도 없었습니다.

"전하, 신은 이제 전하를 뵙지 못하게 되었습니다."

문무왕은 하염없이 흐르는 눈물을 소매로 닦았습니다.

"장군이 과인을 버리면 과인은 이제 어찌하란 말이오?"

"전하, 큰 나라를 이룩하기도 어렵지만 큰 나라를 탈 없이 유지하는 길이 더욱 어려운 일인 줄 아옵니다. 신이 바라옵건대, 전하께서는 아무쪼록 간사한 무리들을 멀리하시고 충성스러운 신하들을 가까이 두시며, 신하들은 서로 화목하여 충성으로 전하를 모시게 하시고, 백성들은 전하를 믿고 생업에 열중하도록 하시옵소서."

"과인은 장군의 말을 마음 깊이 새겨 두겠소."

"황공하옵니다. 신은 이제 죽는다 해도 아무런 여한이 없습니다."

김유신은 이렇게 죽음 앞에서도 충성된 신하의 도리를 다했습니다. 김유신은 문무왕 13년(673) 7월 1일, 79세로 세상을 떠났습니다.

나라 잃은 장수
흑치상지

드디어 흑치상지의 군사들은 소정방의 군사들을 크게 무찌르며 물밀듯이 나아가 잇따라 20여 성을 되찾았습니다. 소정방은 아무리 싸워 봐도 도저히 흑치상지를 이길 수가 없음을 깨닫게 되자, 자기네 나라에 그 사실을 알렸습니다.

빼앗긴 나라를 되찾기 위해 싸우다

흑치상지는 백제의 장군이었습니다. 그는 백제 서부 사람으로 키가 무려 7척이 넘고 날쌔고 힘이 아주 셌으며, 지혜가 뛰어났습니다.

백제가 멸망하기 전, 흑치상지는 벼슬이 제2등급인 달솔에 이르렀습니다.

흑치상지는 다른 벼슬아치들이나 장수들과 달랐습니다. 부하와 백성들을 몹시 사랑했으며, 누구에게나 친절하고 도와

주려 했습니다.

 그뿐만 아니라 나라에서 크고 작은 상을 내릴 때마다 흑치상지는 한 번도 그것을 자기가 차지한 적이 없었습니다. 반드시 부하들에게 골고루 나누어 주고, 자신은 항상 가난하게 살았습니다.

 그런데 당나라 소정방과 신라의 김유신이 거느린 연합군이 백제를 쳐들어왔을 때였습니다. 흑치상지는 부하들을 데리고 소정방에게 쉽게 항복을 하고 말았습니다.

 그 때 흑치상지는 나당 연합군과 맞서 싸우느니, 차라리 화해를 함으로써 나라와 백성들을 구하는 것이 나을 것이라 판단했습니다.

 그러나 소정방이 백제의 왕을 가두어 두고 자기네 군사들을 풀어 살인과 약탈을 일삼자, 흑치상지는 비로소 그들에게 속았다는 것을 깨달았습니다. 흑치상지는 어느 날 밤 10여 명의 부하들을 데리고 임존성으로 도망을 갔습니다.

 흑치상지가 임존성에서 흩어진 옛 백제 군사들을 불러모으

니, 불과 열흘도 못 되어 3만여 명이나 되었습니다.

흑치상지는 백제 군사들에게 소리 높여 외쳤습니다.

"이제는 참으로 나라와 백성을 위해 목숨을 바칠 때가 왔소. 빼앗긴 나라를 찾지 못하고, 백성들을 당나라군의 살인과 약탈에서 구원하지 못한다면 어찌 백제의 군사라고 할 수 있으리오. 싸웁시다! 앞으로 나아가 힘껏 싸웁시다!"

그러자 군사들도 모두 입을 모아 외쳤습니다.

"와아! 적들을 이 땅에서 몰아 내자!"

이에 놀란 소정방은 곧 군사를 동원하여 임존성을 포위하고 공격해 왔습니다. 하지만 흑치상지는 워낙 뛰어난 장군이었습니다.

다시 모여든 백제 군사들도 빼앗긴 나라를 다시 찾아야겠다고 굳게 결심하고 있었기 때문에 한결같이 죽기를 다해 용감히 싸우고 또 싸웠습니다.

드디어 흑치상지의 군사들은 소정방의 군사들을 크게 무찌르며 물밀듯이 나아가 잇따라 20여 성을 되찾았습니다.

소정방은 아무리 싸워 봐도 도저히 흑치상지를 이길 수가 없음을 깨닫게 되자, 자기네 나라에 그 사실을 알렸습니다.

당나라 황제가 직접 신하를 보내어 흑치상지에게 화해하자고 전해 왔습니다. 만일 흑치상지가 끝내 항복하지 않으면 다른 성에 남아 있는 백제 백성들이 한 사람도 살아남지 못할 것이라고 했습니다. 흑치상지는 이번에도 어쩔 수 없이 항복할 수밖에 없었습니다.

비록 항복은 했으나 흑치상지는 워낙 훌륭한 장군으로 이름이 났으므로, 당나라로 불려 가 좌령군 원외장군 양주 자사라는 높은 벼슬에 올랐습니다. 흑치상지는 그 곳에서도 많은 전쟁에 출전하여 큰 공을 세우고 칭송을 받았습니다.

흑치상지는 당나라에서도 뛰어난 장군으로 이름을 크게 떨치게 되었으며, 마침내 연연도 대총관이란 아주 높은 벼슬에까지 올랐습니다.

🌿 억울하게 누명을 쓰다

흑치상지가 당나라 장군들과 더불어 돌궐족을 물리치기 위해 출전했을 때였습니다. 함께 출전한 좌감문위중랑장 보벽이 흑치상지를 따돌리고 끝까지 적을 쫓아갔습니다.

보벽은 혼자서 공을 차지하기 위해 무모한 전쟁을 벌였으므로, 결국 적의 꾀에 빠져 참패를 당하고 말았습니다. 그 때문에 보벽은 사형을 당하고, 아무 죄 없는 흑치상지도 전쟁에 진 벌로 그 때까지 쌓아 온 모든 공을 잃게 되었습니다.

흑치상지의 불행한 운명은 여기서 끝나지 않았습니다. 흑치상지는 당나라에서 그 어느 장군보다도 뛰어났고 또 많은 공을 세웠지만, 결국은 실컷 이용만 당하고 버림받은 신세가 되고 말았습니다. 흑치상지가 공을 잃고 외로운 처지에 놓여 있을 때 간사한 무리들이 흑치상지가 딴마음을 품고 당나라를 배반하려 한다고 모함을 했습니다. 흑치상지는 결국 모함에 걸려 옥에 갇히고, 교수형을 받아 죽고 말았습니다.

나라 잃은 장군의 슬픈 운명이었습니다.

바다를 주름잡은
장보고

장보고의 눈에 띄기만 하면 해적들은 모조리 물고기 밥이 되고 말았습니다. 해적들은 장보고가 무서워서 신라 땅 근처에는 얼씬도 하지 않았습니다. 해적을 소탕한 장보고는 당나라와 왜를 상대로 장사를 하기 시작했습니다.

바닷가 마을의 두 소년

신라의 남쪽 마을 바닷가에 두 소년이 살고 있었습니다. 장보고와 정연이라는 소년이었습니다.

두 소년은 친형제처럼 정답게 지냈습니다. 정연은 장보고를 형이라고 불렀습니다.

마을에서 싸움이 붙으면 두 소년을 당할 아이가 없었습니다. 마을 아이들과 편을 짜서 전쟁놀이를 할 때면, 언제나 장보고와 정연이 양편의 대장이 되었습니다. 보통 때는 정다운 사이였지만 무예를 겨룰 때에는 서로 조금도 양보하지 않았습니다. 장보고보다 나이가 어린 정연이 한 수 위였습니다.

정연은 물 속으로 들어가 50리를 헤엄쳐 가면서도 숨을 쉬지 않아 사람들의 감탄을 자아냈습니다.

"저 녀석은 물고기야, 물고기. 사람의 자식이 어떻게 저럴 수가 있단 말인가?"

그러나 배를 타는 실력은 정연보다 장보고가 훨씬 나았습니다. 장보고는 작은 조각배를 타고 거센 파도를 넘어 마음대로 바다를 달렸습니다.

두 소년은 크면서 칼 쓰는 법, 창 쓰는 법, 말 타는 법을 배웠습니다.

두 소년의 무예는 다른 어떤 소년들보다 뛰어났습니다.

"형, 우리는 커서 무엇이 될까?"

정연이 묻자, 장보고가 대답했습니다.

"장군이 되어야지. 땅보다는 바다에서 싸우는 수군이 우리에게는 잘 어울릴 거야!"

두 소년은 바닷가에서 무술 연습을 하다가 지치면 이런 말을 자주 주고받았습니다.

"형, 우리 이 작은 신라에서 이러지 말고 당나라로 가자. 거기서 우리의 큰 뜻을 이루는 것이 어떨까?"

"뭐? 당나라까지 가서……."

"그래, 우리 신라 사람들이 당나라에 수도 없이 많이 갔잖아? 그 곳에서 벼슬을 하고 있는 사람들도 많대. 우리라고 그렇게 못 하라는 법은 없잖아?"

"그래, 정말 그게 좋겠구나!"

장보고는 바다를 바라보며 중얼거렸습니다.

크게 출세하려면, 작은 신라 땅보다는 당나라가 더 좋을 것 같았습니다.

장보고는 정연의 손을 굳게 잡으며 말했습니다.

"그래! 당나라로 가자."

무령군 소장의 벼슬을 버리다

두 소년은 당나라에 가서 벼슬길에 올랐습니다. 씩씩한 청년으로 성장한 두 사람은 기상이 남다르고, 말을 달리며 활을 쏘고 창을 쓰는 재주가 뛰어났습니다.

장보고와 정연은 나란히 무령군 소장이라는 벼슬에 올라 군사의 중요한 임무를 맡게 되었습니다.

장보고는 당나라에서 벼슬을 하면서도 신라를 잊을 수가 없었습니다. 이 무렵에는 중국의 해적들이 신라를 오가면서 신라 사람들을 붙잡아 노예로 파는 일이 많았습니다.

'이런 나쁜 놈들! 작은 나라라고 깔보고 이런 짓을 하다니…….'

장보고는 노예로 팔려 온 신라 사람들을 만날 때마다 원통해했습니다. 장보고는 그런 사람들을 만나면 몰래 빼돌려 신라방(신라 사람들이 모여 살고 있는 곳)으로 데려다 주기도 했습니다.

해적들의 행패는 날이 갈수록 더해졌습니다. 노예로 잡혀 오는 신라 사람들도 더욱 늘어났습니다.

해적들은 신라 사람들을 노예로 팔아서 돈을 벌게 되자 더 많은 신라 사람들을 잡아 왔습니다.

장보고는 해적을 소탕해야만 되겠다고 생각했습니다. 노예로 잡혀 와서 비참한 생활을 하는 신라인들을 더 이상 두고 볼 수가 없었던 것입니다.

어느 날 장보고는 정연에게 자신의 결심을 말했습니다.

"나는 조국 신라로 돌아가겠네."

"그렇지만 이만큼 출세를 했는데, 어찌

버리고 떠난다는 거요? 앞으로 얼마든지 더 크게 출세할 수 있을 텐데 말이오."

장보고의 결심은 변하지 않았습니다.

"자네는 여기 남아서 신라 사람들을 돌봐 주게. 억울하게 노예 생활을 하지 않도록 말일세."

장보고는 무령군 소장이라는 벼슬을 헌신짝 버리듯 내던지고 신라로 향했습니다. 가장 큰 일은 해적에게 붙잡혀 와 고생하고 있는 신라 사람들을 신라로 데리고 가는 일이었습니다.

흥덕왕 3년(828) 봄, 장보고는 많은 신라 사람들을 구출하여 신라로 돌아왔습니다.

청해진 대사로 임명되다

신라로 돌아온 장보고는 흥덕왕을 뵈러 급히 궁궐로 들어갔습니다. 신라 조정에서는 당나라에서 당당히 벼슬을 하고 있는 장보고에 대해서 이미 잘 알고 있었습니다.

장보고는 흥덕왕께 큰 절을 올리고 사실대로 아뢰었습니다.

"지금 해안 지방은 이름만 신라 땅이지, 해적들의 소굴이나 다름없습니다. 해적들은 우리나라 사람들을 잡아다가 당나라에 노예로 팔고 있습니다. 소신이 무령군 소장으로 있을 때, 그들을 많이 구출했으나 그것은 일부에 지나지 않습니다. 빨리 대책을 세우지 않으면 장차 큰 화를 입을까 두렵습니다."

흥덕왕은 처음 듣는 말이라 깜짝 놀랐습니다.

"그대의 말이 사실이라면 어찌 해야 좋단 말인가? 무슨 좋은 방법이 있으면 말해 보아라."

"소신에게 한 가지 대책이 있사옵니다. 예로부터 청해(지금의 완도) 땅은 당나라와 왜 등 세 나라를 연결하는 중요한 지점이옵니다. 적에게는 불리하지만 우리 편에 유리한 이 곳에 진을 설치하면 해적을 소탕할 수 있으리라 생각하옵니다."

"청해에 진을 설치한다고……."

"그러하옵니다. 소신이 비록 재주는 부족하오나 수년 동안 당나라에서 벼슬을 지내며 닦은 바가 있사옵니다. 이제 그 벼슬을 버리고 우리나라를 위하여 충성을 다하고자 왔사옵니다. 소신의 마음을 널리 헤아려 주시옵소서!"

 홍덕왕과 신하들은 잠시 의논을 한 뒤 당나라에서 장수의 자리를 버리고 돌아와 나라를 위해 일하겠다는 장보고의 충성심을 칭찬했습니다.

 홍덕왕은 장보고를 청해진 대사로 임명했습니다. 그리고 군

사 1만 명을 주어 해적의 행패를 막고 바다를 지키도록 명했습니다.

장보고는 청해의 가리포에 성을 쌓고 군사 시설을 만들었습니다.

장보고는 해적들과 싸워 이길 수 있도록 군사들을 엄격하게 훈련시키면서 큰 배를 만들기 시작했습니다. 또한 높은 망루

를 세우고 특수한 배를 만들었습니다.

모든 준비를 갖춘 장보고는 본격적으로 활동하기 시작했습니다.

신라 변방을 제 집 드나들 듯하면서 갖은 노략질을 하던 당나라 해적들은 장보고의 수군에 여지없이 무너지기 시작했습니다.

장보고의 눈에 띄기만 하면 해적들은 모조리 물고기 밥이 되고 말았습니다. 해적들은 장보고가 무서워서 신라 땅 근처에는 얼씬도 하지 않았습니다.

해적을 소탕한 장보고는 당나라와 왜를 상대로 장사를 하기 시작했습니다. 장보고는 굉장히 큰 무역 선단을 당나라에 보내어 물자를 사들였다가 이를 왜에 팔았습니다. 신라와 당나라, 왜로 연결되는 무역 활동은 장보고 한 사람만이 할 수 있었습니다.

이렇게 되자 장보고는 신라뿐만 아니라, 당나라와 왜에까지 널리 알려졌습니다.

🌼 비극적인 최후

흥덕왕이 아들이 없이 세상을 떠나자 조정에서는 치열한 왕위 쟁탈전이 벌어졌습니다. 흥덕왕의 동생인 균정과 조카인 제륭이 서로 왕위를 차지하기 위해 치열한 싸움을 했습니다.

균정과 제륭은 서로 군사들을 이끌고 대결하다가 균정이 죽자, 제륭이 왕이 되었습니다. 그가 바로 제43대 희강왕이었습니다. 836년 12월의 일이었습니다.

그러나 희강왕은 김명과 이홍이 반란을 일으키자 죽음을 당할 것을 걱정해 스스로 목숨을 끊고 말았습니다.

뒤이어 김명이 즉위하여 제44대 민애왕이 되었습니다.

민애왕의 잘못된 즉위를 못마땅하게 생각하는 사람들은 장보고에게 달려와 민애왕을 벌줘야 한다고 말했습니다. 장보고는 가만히 있을 수 없었습니다.

"임금의 자리가 탐난다고 어찌 그런 끔찍한 일을 저지른단 말인가? 잘못된 것을 내 손으로 바로잡아야겠다."

장보고는 당나라에서 돌아온 정연에게 군사 5000명을 내어 주면서 말했습니다.

"그대가 아니면 이 환란을 평정할 수가 없겠네. 가서 불의를 저지른 자를 베어 나라를 바로 세우도록 하게!"

정연은 장보고의 은덕과 우정에 감사하며 군사를 이끌고 서라벌로 쳐들어갔습니다.

신라 군사들은 용맹스러운 장보고의 청해진 군사들을 당하지 못하고 단번에 지고 말았습니다. 민애왕은 장보고의 군사들에게 붙잡혀 죽고 말았습니다.

이 때 왕위다툼에서 희강왕에게 밀려나 죽은 균정의 아들이 왕위에 올랐으니, 바로 제45대 신무왕이었습니다.

신무왕은 장보고의 공을 크게 치하했습니다. 또한 장보고를 감의 군사로 임명하고 2000가구의 세금을 받아 쓰게 했습니다. 장보고의 세력은 이제 청해진뿐만 아니라 신라 조정에서도 막강해졌습니다.

그 해 7월 신무왕은 병을 앓다 죽고 아들인 경응이 그 뒤를 이어 신라 제46대 문성왕이 되었습니다.

문성왕은 장보고에게 진해 장군이라는 큰 벼슬을 내렸습니다. 이처럼 신무왕에 이어 문성왕이 장보고를 아끼자 신하들은 차츰 불안해지기 시작했습니다. 신하들은 막강한 군사력을 쥐고 있는 장보고가 무척 두려웠습니다.

문성왕이 나라를 다스린 지 8년이 되었을 때였습니다. 어느 날 신하들을 돌아보던 문성왕이 한숨을 쉬며 말했습니다.

"진해 장군인 장보고의 딸을 둘째 왕비로 맞을까 하오. 이미 돌아가신 선왕께서 약속하신 일이라, 내 어찌 그 뜻을 저버릴 수가 있으리오?"

신하들은 문성왕이 장보고의 압력을 받고 있다는 것을 벌써부터 눈치채고 있었습니다. 그런데다 막상 문성왕이 한숨을 쉬며 말하자 신하들은 모두 놀라 웅성거리기 시작했습니다.

신하들은 막강해진 장보고의 세력을 겁내고 있었습니다. 그렇지만 미천한 백성 출신인 장보고의 딸이 왕비가 된다는 것은 있을 수 없는 일이었습니다.

장보고가 왕의 장인이 되는 날에는 아무도 대적할 수가 없을 것이기 때문이었습니다.

 신하들은 입을 모아 안 된다고 반대했습니다. 문성왕은 신하들의 청을 받아들여 없었던 일로 하기로 했습니다.

 이 소식은 곧 청해진에 있는 장보고의 귀에 들어갔습니다. 장보고는 땅을 치며 분개했습니다. 지난날 장보고의 힘을 빌려 왕위에 올랐고, 또 신하의 자리에 오른 자들이 이제 와서 손바닥을 뒤집듯 신의를 저버렸기 때문이었습니다.

 그러나 왕이나 귀족들은 바다를 쥐고 흔드는 장보고의 세력에 항상 불안을 느끼고 있었습니다. 장보고가 만약 서라벌로 쳐들어온다면 막아 낼 자신이 없었던 것입니다.

 그 때 염장이라는 무사가 장보고를 죽여 조정의 근심을 풀어 주겠다고 나섰습니다. 문성왕의 허락을 받은 염장은 장보고를 만나기 위해 청해진으로 갔습니다. 염장은 장보고에게 거짓으로 문성왕을 욕하며 이렇게 말했습니다.

 "왕의 뜻을 거역했기 때문에 저의 신변이 위험하옵니다. 공을 찾아왔으니 거두어 주시기 바랍니다."

그 날, 장보고는 염장을 위한 잔치를 베풀었습니다. 밤이 깊어지자, 술심부름을 하는 하인들의 발길도 뜸해졌습니다.

장보고는 술에 취해 몸을 비스듬히 하여 자리에 기대어 있었습니다. 그 때 염장은 번개처럼 칼을 뽑아 장보고를 찌르고, 곁에 있는 부하들도 베었습니다.

"장보고는 반란을 일으켜 왕이 되려고 했다. 그래서 내가 왕명으로 그를 처치한 것이니 너희들은 내 명령을 듣도록 하라!"

염장이 왕명이라 말하자 장보고의 부하들도 어쩌지 못했습니다. 문성왕 8년(846)에 장보고는 이렇게 허무하게 죽고 말았습니다.

장보고의 죽음은 한 사람만의 비극이 아니었습니다. 기울어져 가던 신라가 장보고의 등장으로 잠깐 빛을 발했다가 다시 멸망하는 길로 들어서고 말았던 것입니다.

문성왕 13년(851)에는 청해진도 없어졌으며, 이로써 장보고의 꿈도 영영 사라지고 말았습니다.

어린이 삼국사기 2

1판 1쇄 인쇄 | 2007. 3. 26.
1판 13쇄 발행 | 2020. 8. 27.

어린이 삼국사기 편찬위원회 글 | 최수웅 그림
한국역사연구회 추천 및 감수

발행처 김영사 | 발행인 고세규
등록번호 제 406-2003-036호 | 등록일자 1979. 5. 17.
주소 경기도 파주시 문발로 197(우-10881)
전화 마케팅부 031-955-3100 | 편집부 031-955-3113~20 | 팩스 031-955-3111

ⓒ 2007 김영사
이 책의 저작권은 김영사에게 있습니다.
서면에 의한 김영사의 허락 없이 내용의 일부를 인용하거나 발췌하는 것을 금합니다.

값은 표지에 있습니다.
ISBN 978-89-349-2273-5 74900

좋은 독자가 좋은 책을 만듭니다. 김영사는 독자 여러분의 의견에 항상 귀 기울이고 있습니다.
전자우편 book@gimmyoung.com | 홈페이지 www.gimmyoungjr.com

어린이제품 안전특별법에 의한 표시사항
제품명 도서   제조년월일 2020년 8월 27일   제조사명 김영사   주소 10881 경기도 파주시 문발로 197
전화번호 031-955-3100   제조국명 대한민국   ⚠주의 책 모서리에 찍히거나 책장에 베이지 않게 조심하세요.